LA POLOGNE

OU

LE NOUVEAU

DIEU LE VEUT!

(1830 - 1846)

ÉPISODE HISTORIQUE DE LA PHILOPATRIDE

OUVRAGE INÉDIT

DE

L'ERMITE DU PANTHEON

Un peuple n'a point droit d'en asservir un autre!

—

PRIX : 1 FRANC.

PARIS

LE DOYEN, LIBRAIRE,	DÉPOT
PALAIS ROYAL	Rue Soufflot, 1.
Galerie d'Orléans, 31.	

2 DÉCEMBRE 1854.

Non, Pologne, tu n'es pas sans défenseurs!
Non, tu ne périras pas, ô Pologne chérie!

CHANTS POLONAIS.

...... Moins une mère est heureuse,
Plus ses enfans doivent l'aimer!

BOUFFLERS à STANISLAS.

..... Les vœux de tous les amis de la liberté
sont pour les braves Polonais; mais il n'appartient qu'au temps de les rétablir...

BONAPARTE, *Milan, 13 juillet 1797.*

Avez-vous, fidèles Polonais, renoncé au droit de vivre comme nation, de conserver votre langue, vos traditions, vos enfans, qu'on veut vous enlever, votre religion, qu'on veut vous arracher ?
Toute l'assemblée : Non! non! non!
Non! eh bien, espérez toujours, tendez toujours sagement, mais résolûment au but; vous y arriverez.

M. VAVIN, *Président de la réunion du 29 novembre 1846.*

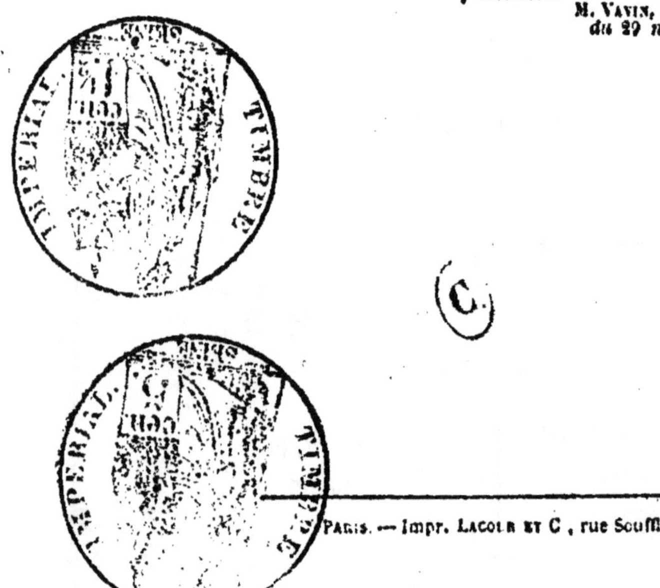

Paris. — Impr. LACOUR et Cⁱᵉ, rue Soufflot, 16.

AVANT-PROPOS

Quand la presse en France, en Angleterre, et l'on peut
dire dans toutes les cours de l'Europe, s'occupe de la
haute et puissante question relative à la reconnaissance
de la Pologne comme puissance indépendante de toute
souveraineté étrangère, peut-être n'est-il pas sans à-pro-
pos d'offrir au public, — si quelque bonne fortune peut
nous faire arriver jusqu'à lui, — les esquisses que nous
avons tracées en 1830 et 1831 et 1846 sur les événemens
qui en ont, à ces époques, si cruellement agité les destins.

De toutes les nationalités à rétablir, il n'en est pas une
qui soit plus nécessaire à la sécurité des puissances occi-
dentales que celle de la Pologne, non-seulement parce
qu'elle est fondée sur les droits immuables des peuples et
sur la justice, mais encore parce qu'elle est dans l'*intérêt
matériel* de tous les États de l'Europe.

C'est donc principalement à ce *titre* que la réhabilita-
tion de la Pologne doit être invoquée ; et c'est devant ce
titre que doivent humblement s'incliner les suprêmes exi-
gences des raisons d'État, de la politique et de la diplomatie, quand il fait seul aujourd'hui la foi et la loi du
monde. Aussi, ce ne sera pas par les justes sympathies de
la France pour la Pologne, par la reconnaissance éternelle
qu'elle lui doit, par la dignité, l'honneur qu'il y aurait
pour nous d'effacer la honte d'avoir laissé s'accomplir
ignominieusement son partage en 1772 ; non, ce ne sera
pas sur de si nobles motifs qu'on nous verra appuyer nos

convictions et nos vœux pour la réorganisation de la Pologne. Sans chercher à nous mettre au-dessus de notre siècle, l'*intérêt matériel*, ce sublime de l'égoïsme gouvernemental, nous semble devoir suffire pour lui faire recouvrer une indépendance qu'elle n'eût jamais dû perdre, et cela par la seule déclaration des grandes puissances et sans recourir aux dangereuses propagandes révolutionnaires, qui mettent tout en feu, et dont il est si difficile d'éteindre les torches incendiaires.

Personne, au reste, ne saurait mettre en doute que l'intérêt général des peuples ne réclame impérieusement la prompte indépendance de la Pologne : c'est avec elle qu'on peut seule éterniser le repos des États en étouffant dans leurs germes tous projets d'envahissement ; c'est par elle seule qu'on peut empêcher des flots de sang de se répandre encore pour satisfaire l'orgueilleuse ambition des souverains. Oui, la Pologne réintégrée dans toute sa puissance est le moyen le plus sûr comme le plus prompt de dissiper toutes les craintes de l'avenir et d'assurer une paix glorieuse et durable. Mais dans cette œuvre de régénération polonaise, pour que le seul intérêt général y domine, ce qu'il faut avant tout, c'est que par l'organe de l'auguste chef que nous nous sommes donné à millions de suffrages, il soit déclaré aux souverains appelés à faire rentrer la Pologne dans le concert des États indépendans que la France, se contentant de ses limites actuelles, renonce à faire valoir ses droits, et à toute prétention sur celles que la nature lui a marquées au Rhin comme aux Alpes, tant qu'existera la plus parfaite union entre elle et les peuples voisins, et que ce sera le vœu de ces peuples. C'est ainsi, — gagnant l'entière confiance de l'Europe, en donnant l'exemple de l'abnégation la plus complète de tout intérêt personnel, — qu'elle en ferait rejaillir sur elle plus de grandeur et de gloire dans l'acte d'équité dont elle prendrait l'initiative.

Huit occasions déjà se sont présentées, — en 1797, 1800, 1802, 1805, 1806, 1807, 1809 et 1812, — de rétablir le royaume de Pologne, sans qu'on ait osé profiter d'aucune : il est permis de croire que s'il en eût été autrement, le premier Empire existerait encore. Lorsque le passé est toujours la meilleure leçon de l'avenir, on ne peut trop souhaiter *de voir profiter* de la nouvelle occasion qui s'offre dans des conditions plus favorables que jamais, par l'inique agression faite au croissant de *Byzance* sous un masque religieux pour en cacher le véritable et perfide motif. Eh bien! cette occasion, il faut se hâter de la saisir, de concert avec les alliés de la France, guidés par l'intérêt mieux entendu de l'Europe entière, quand c'est lui assurer, par un repos, une paix que rien désormais ne saurait troubler, un avenir riche d'espérance et de prospérité. Mais pour atteindre plus sûrement ce but, pour rattacher spontanément à cette sainte cause des martyrs polonais les monarques comme les peuples, en poussant aux yeux de tous jusqu'à l'évidence les vérités de l'intérêt général à reconnaître leur nationalité, nous voudrions, nous le disons franchement et hautement pour arracher tous les masques et mettre plus en lumière les périls, l'asservissement dont l'Occident est menacé, nous voudrions qu'il fût partout affiché, publié, et jusque dans les temples, l'arrogant *testament* de ce Pierre Ier qui, pour entretenir, exciter incessamment l'ambition dévorante de ses successeurs, y déclare que *le peuple russe est appelé à la domination générale de l'Europe...* A vous donc, peuples et souverains d'Angleterre et de France, d'Allemagne et de tout l'Occident, à décider si vous voulez attendre patiemment les fers des autocrates de toutes les Russies; si vous vous résignez à courber de nouveau vos fronts sous le joug des barbares, ou si vous voulez relever les murailles du Sarmate et refouler avec lui dans ses glaces et ses steppes votre ennemi commun, *le despotisme fait homme !*

Qu'on le remarque bien ! un seul prince en Europe peut oser élever sa voix contre l'intérêt général qui commande le rétablissement de la Pologne, parce que ce vautour couronné tient en ses serres rougies presque toute cette proie, sans tenir aucun compte du sang qu'elle lui coûte et peut lui coûter encore. Que lui importe à lui pourvu qu'il marche,— sans qu'on y pense sérieusement, — à l'accomplissement du testament de son illustre aïeul !

Est-ce la Turquie qui a un intérêt contraire à ce rétablissement, quand il mettrait une barrière entre elle et les czars toujours impatiens de l'envahir, et déjà enrichis de ses dépouilles ?

Est-ce la Suède à la double couronne, quand il serait pour elle un appui formidable et rapproché pour contenir des mêmes autocrates l'insatiable ambition, et lorsqu'ils lui ont déjà arraché des lambeaux de ses Etats ?

Est-ce la Prusse ?... Mais se traînant en vassale aux pieds du colosse du Nord, nous chercherions inutilement à prouver qu'elle, aussi, a tout intérêt pour la sûreté de son avenir à ce rétablissement, lors même qu'elle aurait à y contribuer par de faibles, mais de justes restitutions; elle, simple duché en 1701, à qui il a fallu un grand homme pour être reconnue comme puissance royale.

Est-ce l'Autriche enfin ?... Oh ! quand elle vient se joindre à l'immortelle alliance de l'Angleterre et de la France pour le triomphe de la cause la plus sainte, la liberté des peuples, nous devons ici donner plus de développement à l'intérêt qui l'appelle à tous les sacrifices pour le rétablissement de la Pologne. Nous demanderons, en conséquence, ce que l'Autriche a gagné à sa participation au démembrement de ce vaste empire depuis 1772 jusqu'en 1846 ! — En bonne conscience, rien que d'avoir enclavé dans ses domaines des volcans qui grondent sans cesse, éclatent souvent, et qui finiraient un jour par bouleverser ses propres États. — D'un autre côté, qu'a gagné l'Autriche à l'alliance russe ! — Rien encore, sinon les traités de *Lunéville* et de *Presbourg*, qui en compromirent si fortement l'existence, qu'il n'a pas moins fallu que la catastrophe inouïe de 1814 pour lui rendre sa grandeur et sa prépondérance dans les affaires de l'Allemagne... Posons maintenant la question contraire : Que gagnerait l'Autriche au rétablissement de la Pologne ! — Sans conteste, elle aussi y gagnerait une barrière formidable, infranchissable, contre son ennemi naturel, l'empereur moscovite, s'il voulait, poursuivant son idée fixe, en digne descendant du grand autocrate, tenter d'asservir toutes les souverainetés de la vieille Europe. Ce que l'Autriche aurait à gagner encore à ce rétablissement, c'est que la reconnaissance et la crainte d'exciter des jalousies entre les grands du pays feraient probablement élire pour monarque un des princes de sa maison.

Concluons donc, en effet, que par ce rétablissement les intérêts deviendraient identiques pour tous les États de l'Europe. N'ayant plus à craindre les soulèvemens de la Pologne devenue libre, tous pourraient s'unir par une confédération générale, dans le but de garantir l'intégrité de chaque territoire; attaquer l'un d'eux serait les avoir tous contre soi, et il ne saurait être indifférent de compter dans la défense un peuple qui, osant affronter 140,000 combattants avec 40,000, a su prouver que la victoire n'est pas toujours pour les gros bataillons. Dans de telles con-

ditions, plus d'hostilités possibles, de conflagrations uni-
verselles qui puissent renaître, de conquêtes à redouter,
et, n'ayant plus qu'un ennemi réduit à l'impuissance par
l'isolement, bientôt, de la Baltique à l'Euxin et dans tout
l'Occident, on verrait refleurir les rameaux de la paix!

Eh bien! jeune héritier des Césars dont on vante partout les vertus, la sagesse précoce et le cœur généreux,
pour illustrer ton règne, à toi la noble mission de réparer
les fautes de tes ancêtres à l'égard de ce peuple polonais
éprouvé par tant de malheurs depuis bientôt un siècle! A
toi à donner l'exemple du désintéressement, d'une répa-
ration juste, et à consentir des premiers au rétablissement
complet de la Pologne, de la Baltique à la mer Noire, et
du Dnieper à l'Oder.

Et vous, Angleterre et France, qui, oubliant vos vieilles
querelles, vos rivalités, et, vous pressant cordialement et
fraternellement la main, unissez votre suprême courage
pour faire respecter les droits, et peut-être l'existence
de l'Ottoman ; accomplissez votre œuvre de dévoûment héroïque pour la sainte cause de la justice. Mais
pour la couronner dignement, faites qu'à votre voix, à celle
de l'Autriche et aux acclamations des peuples, la Pologne reprenne enfin sa nationalité, son indépendance et
son rang parmi les grands État. C'est ainsi que la *Finlande* conquise, la *Bessarable*, la *Crimée*, la *Circassie*, le
Caucase et la *Géorgie*, affranchis de leur servage, pourront rester efficacement sous votre protection et celle de
vos alliés, et pourront séparer leurs intérêts froissés de
ceux du grand spoliateur du Nord ; c'est ainsi que le *Sund*
et le *Bosphore*, sous l'abri de vos flottes amies, s'ouvri-
ront librement au commerce du monde. Sachez-le, toutefois, grands peuples de l'Europe, dont la véritable sainte
alliance fera l'admiration des siècles et dont déjà les bril-

lans exploits font vibrer tant d'échos de gloire; oui, sachez-le bien, sans la Pologne rétablie, si vos triomphes forcent à la paix, vous n'avez qu'à demi accompli votre œuvre : sans cet acte réparateur, la paix ne serait qu'une halte sur des lauriers! Mieux vaudrait, quelque terrible que soit la guerre, quels que soient les sacrifices qu'elle impose et, plus que tout, le généreux sang qu'elle fait répandre, ne remettre le glaive au fourreau, que certain, par tous les résultats obtenus, d'empêcher à jamais sa furie de renaître et de troubler encore le repos de la terre.

C'est alors, Prince! digne élu de la France, qui jettes déjà tant de lustre et d'éclat sur ton règne, et déjà si haut placé dans l'estime des souverains; c'est alors que, fier de tes succès, de tes traités, de tes alliances, de la grandeur de la paix, et qu'heureux des bienfaits d'une liberté sage,

Louis-Napoléon, Auguste après César,
Tu feras répéter : *Nec pluribus impar!*

Sans avoir maintenant à parler beaucoup de l'esquisse sur la Pologne que nous livrons à l'appréciation du lecteur, nous ferons néanmoins observer que la première partie n'est que la réunion de plusieurs passages d'un ouvrage inédit, *la Philopatride,* sur les douloureux souvenirs de la *révolution* polonaise de 1830, si fatalement avortée. L'autre partie, *le Deuil,* qui rappelle l'annexe de Cracovie aux États de l'Allemagne, ne fut d'abord qu'un jet de plume pour témoigner de notre sympathie pour ce peuple malheureux, et pour exprimer notre reconnaissance au brave général Dwernicki, une de ses gloires et notre voisin depuis longtemps, qui nous avait fait adresser la

1.

veille (24 novembre 1846) une invitation pour assister le 29 suivant à la réunion polonaise qui devait avoir lieu pour célébrer le seizième anniversaire de leur mémorable révolution.

L'illustre général, à qui nous fîmes entendre chez lui cet opuscule, nous pria vivement d'en faire la lecture à la réunion du 29 novembre; mais l'honorable M. Vavin, qui la présidait, malgré sa bienveillante politesse, ne put nous y autoriser, ne devant accorder la parole qu'aux Polonais. Ledit opuscule fut dès lors destiné à partager dans nos cartons le sommeil de nos autres productions patriotiques. En nous déterminant aujourd'hui à le faire paraître, en raison des préoccupations du moment sur le sort de la Pologne, nous le joignons à la première partie à peu près tel qu'il nous fut inspiré, pour former un des épisodes de notre *Philopatride*, et sans autre addition depuis 1846 que quelques lignes pour rappeler dans le titre le vœu qu'expriment ces écrits pour le rétablissement d'une nationalité depuis si longtemps torturée. Quant au titre en lui-même, *le nouveau* DIEU LE VEUT, qui rend si bien le fond de notre pensée, en l'empruntant au célèbre *Vicomte*, nous croyons toutefois,—bien que, peut-être, nous ne marchions pas sous les mêmes drapeaux, — qu'il existe toujours entre nous assez de rapports de *fraternité*, pour qu'il nous pardonne d'avoir osé chercher un abri sous le titre de l'une de ses gloires.

L'ERMITE DU PANTHÉON,

Élève de marine sous le Consulat, et jeune officier supérieur du premier Empire.

LA POLOGNE

ou

LE NOUVEAU

DIEU LE VEUT!

————

I. — La Révolution ou le 29 Novembre 1830.

Tout frémissant d'horreur en songeant au destin
Qui d'un tyran farouche a fait ton souverain,
O Pologne, immolée à la diplomatie,
Que ton grand nom réveille en nous de sympathie !
Quelqu'ingrat qu'on puisse être en ce monde mortel,
La France te conserve un amour fraternel,
Et jamais n'oublira, te mêlant à nos armes,
Ton noble dévoûment en nos vives alarmes !
Mais c'est peu, Polonais !—dont l'intrépidité
Avait, au temps jadis, sauvé la chrétienté ; —
C'est peu, fuyant vos murs, hommes d'indépendance,
D'avoir été combattre avec tant de vaillance,
—Par *Pulaski* guidés et par *Kosciusko* (1776),
Ainsi que *La Fayette*, aux rives de l'Ohio (1777) ;
Vous deviez, dans les camps de notre République,
Faire applaudir aussi votre ardeur héroïque,

Et deviez de l'Empire, en illustres guerriers,
Partager avec nous la gloire et les lauriers :
Lorsqu'advint l'infortune, avec quelle abondance
Votre généreux sang fut versé pour la France !
De Poniatowski, reste du sang royal,
Ah ! qui ne connaît pas le sort triste et fatal ;
Quel Français à sa mort n'a point donné des larmes !…
De ces héros nombreux, ces frères de nos armes,
On peut compter encor, saluant leur tombeau,
Les ossemens blanchis au champ de Waterloo !
Descendans du Sarmate, et descendans des Slaves,
Qui sûtes, de nos rangs, égaler les plus braves,
Et, torturés, hélas ! si longtemps par les rois,
N'avez que vos malheurs plus grands que vos exploits,
Entre la France et vous,—séparant vos domaines,—
Pourquoi le ciel mit-il tant de monts et de plaines?
Plus rapprochés du Rhin, Catherine n'eût pas,
S'unissant aux Césars, démembré vos Etats !
Mais ce destin toujours agité de tempêtes,
Sous le joug étranger qui fait courber vos têtes,
Fomente trop de haine et de vengeance au cœur,
Pour qu'il puisse rester un éternel malheur.
Surviennent des conflits, de nouvelles alarmes,
Qui remettent soudain toute l'Europe en armes,
La Pologne bientôt aurait brisé ses fers,
Et, reprenant son rang en ce vaste univers,
Répéterait alors, des libertés l'apôtre :
Un peuple n'a point droit d'en asservir un autre !
Eh bien, la foudre gronde! et *Juillet*, aux grands jours,
Aux peuples qu'on opprime ira porter secours !..

Tu le pensais, Pologne! aussi dans sa colère,
Voyant que ton tyran pousse des cris de guerre
Et qu'il arme tes bras pour marcher contre nous,
Tu fais, contre lui-même, éclater ton courroux;
Mais, lorsqu'à flots ton sang a coulé pour la France,
Tu crois qu'il t'est permis d'en attendre assistance,
Et tes fils, pleins d'espoir, du Duc épouvanté,
Chassent tous les soldats de ta grande cité :
Ressaisissant alors ta liberté ravie,
Tu te proclames *libre* aux murs de Varsovie!
   Non! de la France entière on ne rendra jamais
Tous les transports joyeux au bruit de tes succès.
Applaudis au théâtre en délirante ivresse,
Leurs récits font partout éclater l'allégresse ;
Partout ce cri s'entend, — le pays parle en lui: —
Aux frères de Pologne, aide, secours, appui !
Mais le pouvoir a peur, et quoique tout l'ordonne,
Il n'ose point saisir le fouet de Bellone.
C'est ainsi que Juillet et timide et tremblant,
En subissant la crainte, est toujours impuissant :
Le Belge tend sa main, il retire la sienne ;
Quand l'Italie appelle, en se plaignant de Vienne,
A sa voix il est sourd, et *la paix à tout prix*
Est la suprême loi qui régit le pays!...
   Pauvre Pologne ! il faut t'en remettre à toi-même
Du soin de t'arracher à ton péril extrême;
Toi, qui nous fus fidèle en nos plus grands revers,
Tu n'obtiendras de nous rien pour briser tes fers!
Cependant, sans mêler nos soldats dans tes plaines,
On pouvait te servir, laissant nos capitaines,

Grandis par la bataille, aller guider tes rangs ;
On le pouvait surtout, si pour toi nos agens
Avaient osé tenir un langage énergique,
Et t'ouvrant nos trésors dans ta lutte héroïque !
Voilà, voilà, Pologne, en tes jours malheureux,
Ce qu'exigeait de nous un élan généreux !
Le contraire se fait ; et plus d'un diplomate
Condamne ta révolte et soutient l'autocrate,
Aussi, croyant dès lors son abandon certain,
Dieu, pour elle, est trop haut, et la France est trop loin !
Cette cause, qui met en tel émoi la France
Qu'elle n'en pense plus à sa propre souffrance,
Cependant, ne fut pas sans ardens défenseurs,
Mais contre elle eut aussi le plus grand des rhéteurs...
Des révolutions, grand maître de l'école,
Eh quoi ! tribun fatal, ta stérile parole
A pu dire au Forum, pour avoir les destins
D'un peuple et d'un Etat, qu'il fallait pour confins
Des monts qui, près du ciel, par leurs cimes altières,
A l'Europe en faisaient respecter les frontières?..
O grand nain politique ! est-il en tes esprits
Perdu tout souvenir des faits de ce pays?
As-tu donc oublié ses illustres annales,
Défenseur de la foi, ses luttes triomphales,
Et le poids de son fer, aux balances du sort,
Jeté pour en ravir les peuples à la mort ?
Sache qu'il a compté, par ses vastes domaines,
Treize siècles parmi les maisons souveraines ;
Que chez les potentats il tenait si haut rang,

¹ Chambre législative, 19 septembre 1831.

Qu'ils lui faisaient offrir les princes de leur sang ;
Que sur lui régna même un des fils de la France,
Et que l'un des derniers en brigua l'alliance.
Sache qu'il eut, en peuple, et sa charte et ses lois,
De *Leck* à *Stanislas* quatre races de rois ;
Sans monts, que ses forêts, ses fleuves, ses murailles,
N'en fixèrent pas moins le succès des batailles ;
Sur le géant du Nord qu'il gagnait les combats,
S'il n'avait contre lui que deux fois ses soldats,
Et quand on l'a vaincu,—pour en grandir la gloire,—
C'est lorsqu'un contre dix il tentait la victoire ;
C'est que ses trois partis, aux suprêmes momens,
En avaient, par malheur, divisé les enfans !
La justice le veut, il faut le reconnaître !
Qui longtemps fut un peuple a toujours droit de l'être !
Sans aberration, comment donc soutenir
Qu'un sceptre est en Pologne impossible à tenir ?
Ah ! c'est l'abandonner dans sa grande misère,
L'effacer des États les plus vieux de la terre ;
C'est laisser par le czar, en despote toujours,
Dans un dur esclavage en éteindre les jours !
Pour l'Europe, sans elle, il n'est plus d'équilibre,
Et l'Europe à son tour peut cesser d'être libre !

Que fera Juillet ?—Rien !... Mais le gant est jeté !...
Pour vaincre, Polonais ! il faut de l'unité
Dans l'action, le but, et sur ce qu'on veut être ;
Il faut le peuple libre, il faut qu'il soit le maître,
Et qu'il puisse choisir, de sa suprême voix,
Ou la démocratie, ou le règne des rois.
Or, par malheur chez vous, le vrai patriotisme

Ne sait pas condamner les partis au mutisme,
Et, portant dans vos rangs de funestes conflits,
Ils éteindront l'ardeur qui sauve les pays !
Mais un malheur encor ! pour le chef de l'armée,
C'est de prendre un soldat sans grande renommée,
Un froid calculateur, un esprit sans progrès,
Qui du nombre fait seul dépendre les succès,
Et ne sait pas juger, pour sortir d'esclavage,
Ce que le désespoir enfante de courage,
Les prodiges qu'on doit à l'amour exalté
De la sainte patrie et de la liberté !
En révolution, la prudence s'efface ;
A de l'audace il faut ajouter de l'audace,
Attaquer sans relâche et frapper coup sur coup :
En semant la terreur on triomphe de tout !...
Le soldat agissant de toute autre manière,
Des révolutions ne comprend point la guerre...
Le pouvoir est bientôt aux mains d'un dictateur [1],
Qui, comprimant l'élan du peuple plein d'ardeur,
Temporisant toujours, empêche qu'on répande
Dans les palatinats l'esprit de propagande.
Pour lui point de salut dans les champs du hasard :
Le seul est d'implorer la clémence du czar,
De se soumettre à tout !... Mais *la Diète*, plus fière,
A reprendre le joug a préféré la guerre,
La mort même à la honte ; et *Plus de Nicolas !*
Plus d'empereur !... partout est le cri des combats !
Partout l'enthousiasme électrise la foule :
La Pologne n'est point un État que l'on *roule !*...

[1] Chlopicki, 3 décembre 1830.

Des tyrans, autocrate! aspire au premier ran
Car, *je la roulerai,* ces paroles de sang [1],
Ont surpassé de tous le féroce langage :
Au lieu de l'apaiser, tu redoubles l'orage !...

    Varsovie illumine et palais et maisons ;
A la patrie en masse on court porter ses dons :
Le riche ses trésors, le prêtre sa prière,
La femme ses bijoux, et, pain de la misère,
Le peuple offre ses bras pour vaincre ou pour mourir.
Nul dévoûment pareil n'existe en souvenir !
Mais il fallait alors, pauvre esprit qui le nie,
Marcher comme l'éclair sur la Lithuanie :
C'était le vœu du peuple, et l'on sait par les faits
Que son instinct est sûr et ne trompe jamais.

    La Pologne ouvre ici sa sanglante épopée,
Fait son appel à Dieu, son appel à l'épée ;
Et si le dictateur dépose son mandat [2],
Son sang ne doit pas moins couler dans le combat.
Radziwill, après lui, prend le pouvoir suprême ;
Mais, lorsqu'on en connaît l'insuffisance extrême,
Un autre lui succède, et, superbe, orgueilleux [4],
Ne fait preuve à son tour que d'un cœur valeureux :
Du péril grandissant, pour combler la mesure,
En d'autres mains encor passe la dictature.
Mais à peine a-t-on vu s'acharner aux combats,
Qu'un terrible fléau décime les soldats :
Le choléra-morbus, vomi par la Russie,

[1] Paroles écrites de la main du czar sur le mémoire qui lui
fut présenté par la députation envoyée par Chlopicki.
[2] 19 janvier 1831. [3] 25 février. [4] Skrynecki.

2.

De sa fureur ajoute aux maux de la patrie !
Faisant croire au poison, le Grand-Duc et *Diébitch*
Succombent sous ses coups ; et c'est à *Paskéwitch*,
—Qui par de nouveaux plans redouble les alarmes, —
Que le czar s'en remet du succès de ses armes.
    La patrie est alors déclarée en danger !
Sous ses drapeaux en vain on accourt se ranger ;
Mais ni le désespoir, ni son élan sublime,
Rien ne pouvait, hélas ! la sauver de l'abîme :
Trop de temps s'est perdu ; déjà c'est par trop tard
Que la Diète s'écrie : *Au rempart ! au rempart !...*
Pour échapper, Pologne, au sort qui te menace,
Il te manquait un homme, un système d'audace,
Cette ardente vigueur, cette témérité,
Qui font les grands succès d'un peuple révolté !
Il fallait plus encore ! Avec ton héroïsme,
Il fallait, n'écoutant que le patriotisme,
A sa divine voix, à ses brûlans accens,
Unir, comme un seul homme, unir tous tes enfans !...
Mais des cris sont poussés par la démagogie [1],
Des massacres ont lieu, présages d'anarchie !
Aux lueurs des flambeaux, *au nom* des trahisons,
On égorge et l'on tue ; et courant aux prisons,
Ce n'est partout qu'horreur, que meurtre et que vengeance :
Ce fut un *deux septembre*, ainsi qu'on l'eut en France !
Aussi, quoiqu'on détache, à grand tort, des soldats [2],
Du peuple des faubourgs on craint d'armer les bras !...
On attaque en furie, on riposte avec rage :
C'est la mort pour la mort, carnage pour carnage !

[1] 15 août.   [2] 25,000 hommes.

Mais ce n'est pas à nous, à nos faibles accens,
Pologne, à rappeler ces lugubres momens:
Tes cris de désespoir, tes sanglantes batailles,
Tes cadavres bouchant les brèches des murailles,
Tes efforts surhumains, tes martyrs glorieux,
Semant partout la mort sans la craindre pour eux !
Ta défense immortelle appartient à l'histoire :
Elle en doit consacrer l'immortelle mémoire!
C'est elle, en ses burins, de tes nobles enfans
Qui redira les noms, les exploits éclatans;
Tout ce que, révolté d'un affreux esclavage,
Le cœur peut contenir d'incroyable courage.
De *Dwernicki*, bravant des ennemis nombreux,
C'est elle qui dira les succès fabuleux,
Que, téméraire et prompt, entre ses mains, peut-être,
Le pouvoir plus actif eût affranchi d'un maître.
A l'histoire à citer cette jeune *Plater*,
En Jeanne d'Arc nouvelle, armant son bras d'un fer;
L'héroïque *Grodon*, qu'un soldat peut comprendre
Quand il se fait sauter plutôt que de se rendre!
Les combats de *Grochow, Vaver, Bialolenka*,
De *Dembe* et d'*Iganie* et ceux d'*Ostrelenka*;
Ces combats acharnés sont acquis à l'histoire,
Et resteront toujours une page de gloire
Pour tes héros, Pologne! et la postérité :
C'est le prix des combats aux cris de liberté!...

Malgré tant de valeur la Pologne succombe[1] :
L'assaut de Varsovie en vient d'ouvrir la tombe!
Criblé par la mitraille et mis tout en lambeau,

[1] 7 septembre 1831.

Dans un fleuve de sang disparaît son drapeau!
   O frères malheureux! qui fuyez la patrie,
Qui fuyez l'esclavage et son ignominie;
Saints martyrs qui fuyez le joug de vos tyrans,
O braves Polonais! déjà proscrits, errans,
—Quand du cœur la mémoire est la reconnaissance,—
Tournez vos pieds meurtris vers le sol de la France:
Qui, lors de nos périls, en dévoué guerrier,
Partagea notre tente, a sa place au foyer!
Venez donc à l'abri de nos toits tutélaires,
Attendre, Polonais, la fin de vos misères!
Là, de votre drapeau, qu'on ose vous ravir,
De votre aigle gardez un pieux souvenir.
Tout nous l'atteste, un jour vous pourrez le reprendre:
C'est un phénix aussi qui renaît de sa cendre!..
Finis Poloniæ!— *Skrzynecki*, c'est prévoir
Un trop sombre avenir: il n'est pas sans espoir!
   Quel tumulte chez nous!... On l'apaise avec peine,
Pologne! dès qu'on sait que tu reprends ta chaîne!
On veut douter encor de ton fatal destin,
On voudrait espérer; mais, hélas! c'est en vain:
Du haut de la tribune, ô sanglante ironie!
On entend : *L'ordre règne aux murs de Varsovie!*...
On dirait, en voyant l'excès de sa douleur,
Qu'un autre *Waterloo* frappe la France au cœur!

II. — Le Deuil ou le 6 novembre 1846.

Quels destins, Polonais, quels destins sont les vôtres,

¹ 15 et 16 septembre 1831.

A vos malheurs encor s'il faut en joindre d'autres?
Après seize ans passés dans d'horribles tourmens,
Faut-il encor gémir sur vos débris sanglans?...
Vers un sol glorieux, le sol d'une autre France,
Entendez-vous ces cris appelant la vengeance,
—Dont les souffles du nord nous apportent l'écho,—
D'un grand peuple qui perd jusqu'au dernier drapeau!
Entendez-vous ces glas, ces adieux à la vie,
Lugubrement tinter aux murs de CRACOVIE?

    Les Césars l'ont voulu dans leur superbe orgueil,
La Pologne a gémi sous son dernier cercueil!
On ne trouvera plus qu'aux pages de l'histoire
Les jours de sa grandeur et les jours de sa gloire!
A vous, Français, à vous à déplorer son sort :
Hélas! l'illustre nom de Polonais est mort!
Qu'avons-nous dit, grand Dieu? quel insigne blasphème!
Non, non, fiers souverains! c'est une erreur extrême!
Quoi que vous puissiez faire, un passager sommeil
Engourdit la Pologne, et craignez son réveil!

    L'Autriche a-t-elle pu, de l'avis de la Prusse,
Parce qu'elle y joignait l'assentiment du Russe,
Confisquer Cracovie au mépris des traités,
Et peut-elle en ravir toutes les libertés?
Ces États font-ils seuls l'Europe et sa puissance?
La *Suède* et l'*Anglais*, l'*Espagnol* et la *France* ¹,
Comme le *Portugal*, ne sont-ils d'aucun poids
Pour l'empêcher soudain d'outre-passer ses droits?
Insatiable encor, pour se rendre plus ronde,
Peut-elle ainsi venir troubler la paix du monde?

¹ Puissances signataires des traités de 1815.

Quoi ! frapper la Pologne en son faible lambeau,
N'en plus laisser flotter le glorieux drapeau,
Parce qu'une révolte à Cracovie éclate [1],
Et que l'on croit y voir un appel au Sarmate !
Est-ce pour les complots de quelques citadins,
Et quand, pour les punir, on connaît les mutins,
Qu'il faut, sur tout un peuple, étendre sa furie,
Que l'on en peut sans crime envahir la patrie,
Et qu'on doit par le sang, par les assassinats,
Par les bourreaux, venger d'impuissants attentats ?
D'un foyer dévorant qui donc, qui donc ignore
Que le feu s'agrandit dès qu'on l'attise encore ?
Princes ! c'est par le bien qu'on arrête le mal ;
Mais enté sur lui-même il devient infernal :
Alors rien n'en sait plus comprimer le délire,
Et le volcan éclate engloutissant l'empire !

    De ce soulèvement, qu'avec tant de rigueur [2]
A frappé ton pouvoir, sais-tu quel est l'auteur ?
Dis, César, le sais-tu ? — Cet auteur !.. c'est toi-même !
Toi ! qu'un jour atteindra la justice suprême !...
En vain on a voulu dénaturer les faits,
Rien n'a pu dérober la trace des forfaits.
Oui ! c'est par des agens soumis à ta puissance
Qu'on souleva le peuple accablé de souffrance !
Oui ! c'est par eux, César, — sourdement excité, —
Qu'il poussa plein d'ardeur des cris de liberté ;
C'est par eux qu'il a cru, loin d'y trouver un crime,
Qu'un cri d'indépendance est toujours légitime !
Ce sont eux, de fureur enflammant les esprits,

[1] Février 1846. [2] Chambre des Pairs, 2 juillet 1846, à voir.

Qui firent en deux camps diviser le pays,
Où, frémissant de rage, on vit, en sa colère,
Le frère se baigner dans le sang de son frère,
Lorsque des assassins, soudoyés par ton or,
Vont aux deuils du massacre en ajouter encor !
Puis tes amis et toi, vous mettant en besogne,
Déchirez les contrats protégeant la Pologne...
Mais, grands spoliateurs, pour cette énormité,
Il manquait un prétexte, et votre avidité
Le créa, le saisit, en prenant pour maxime :
La force fait le droit et rend tout légitime.
Voilà donc ce qui fait que,—très peu scrupuleux,—
La Gallicie est jointe à vos Etats nombreux,
    Un peuple est en dehors de la diplomatie ;
On n'en peut comprimer en rien la sympathie ;
Si par la politique on enchaîne ses bras,
Son cœur du moins est libre, on n'y commande pas !
Écoutons donc le nôtre, et que partout éclate
Tout l'intérêt qu'on porte aux destins du Sarmate ;
Que nos voix, nos écrits attaquent ces Césars
Qui, pour s'en octroyer le dernier des remparts,
Ont décidé des droits par la force brutale,
Et dégradant en eux la puissance royale,
Ont brisé les traités, ces liens de l'honneur,
Imposés à l'Europe en leur sainte fureur,
Quand pour les annuler, il eût fallu d'urgence
De tous les contractans la légale assistance :
Violés pour un peuple, ils restent dans ce cas,
Sans aucune valeur, pour les autres Etats.
    Ils ne savent donc point ces fronts à diadême,

Que la honte toujours sape un pouvoir suprême,
Et pour les souverains qu'on n'élève des vœux
Qu'alors que leurs vertus les rapprochent des cieux :
Les monarques sans foi font germer les colères,
Et regrettent souvent leurs actes arbitraires !
L'histoire assez le prouve ; et ses combats sanglans
Aux princes devraient mieux servir d'enseignemens.
Sur ces traités au reste,—aujourd'hui qu'on déchire,
Qu'on invoquait hier, — c'est au pouvoir à dire,
En voie et de progrès et de montrer du cœur,
Ce que doit commander sur ce point notre honneur ;
Mais lorsqu'*aux droits des gens* l'outrage est manifeste,
Qu'il sache que déjà tout le peuple proteste,
Et que s'il s'indignait de ces méfaits nouveaux
Et protestait lui-même, il aurait ses bravos...
    O César des Germains, si l'on te laisse faire,
Si du pli de ta robe il doit sortir la guerre,
Tu le verras alors, l'État que tu saisis
Sera bientôt funeste à ton propre pays :
En nous donnant le droit d'user de représaille,
C'est, renforçant la nôtre, ébranler ta muraille !
    Et vous, fiers Polonais ! peuple antique et guerrier,
Malgré le vol du temps, pourriez-vous l'oublier ?
Tous ces peuples sur vous qui redoublent de rage
Maintes fois ils ont fui devant votre courage :
Vous les avez vaincus sur vos champs, sur les leurs,
Et fûtes de l'un d'eux les généreux sauveurs !
    LÉOPOLD consterné tremblait aux murs de *Vienne :*
Deux cents mille Ottomans en inondaient la plaine !
La ville était remplie et de trouble et d'effroi,

Quand au mont Calemberg apparut votre roi[1] :
SOBIESKI, dont l'œil a jugé des alarmes,
Le héros de *Choczim*[2] se confie en ses armes !
Il médite l'attaque, il excite l'ardeur,
Au grand nombre il oppose et l'art et la valeur[3] !
Le cruel Mustapha, le chef de l'islamisme,
Qu'animait la fureur d'un fougueux fanatisme,
Recule épouvanté : vos aigles essorans,
A la blanche envergure, en dispersent les rangs !
Tout s'enfuit en déroute ; et jamais la victoire
Ne sut à la fortune attacher tant de gloire !
Sobieski de Vienne est le libérateur !
Les transports, les bravos remplacent la terreur :
VIENNE échappait au sac, au plus sanglant carnage,
Et sans doute au destin d'un affreux esclavage ;
Et peut-être, sans vous, Etat nul, impuissant,
Gémirait-elle encor sous le joug du croissant !...
Mais c'est trop que l'on doive et l'honneur et la vie ;
Plus les bienfaits sont grands, plus vite on les oublie.
Quand pour vous, Polonais ! survinrent les revers,
A l'Autriche surtout vous avez dû vos fers !
Jusqu'au terrible jour où, semant les alarmes,
Les peuples opprimés ressaisiront les armes,
Où la Pologne encore, en prodiguant son sang,
Viendra redemander ses États et son rang,
En apprenant aux rois qu'aveugle le délire
Qu'*à Dieu seul appartient de détruire un empire;*
Jusqu'au jour où son fer en reprendra le seuil,
Faisons du *six novembre* un de nos jours de deuil,

[1] 12 sept. 1683. [2] B^{lle} 11 nov. 1673. [3] 40,000 contre 240,000.

De ce néfaste jour, ce jour où Cracovie
Fut, violant les droits, par l'Autriche asservie :
Qu'il soit un deuil pour nous tant que de tes bourreaux
Sur tes cités, Pologne, on verra les drapeaux !
Oui, Français ! que ce jour, oui ! que le six novembre
Devienne tous les ans, sans appel à la chambre,
La reprise d'un deuil aux yeux de l'univers
Tant que d'un Polonais le cœur bat dans les fers !
    Ah ! vous pouvez le croire, enfans de la Vistule,
— Sur qui de plus en plus le malheur s'accumule,
Qui pleurez la patrie et pleurez vos tombeaux, —
La France, comme vous, a pleuré de vos maux !...
Cracovie est un rapt, un des faits de l'histoire
Qui des princes ternit et l'honneur et la gloire !
Conservez, toutefois, l'espérance en vos cœurs ;
Car, quoi qu'en ait pu dire un de vos détracteurs,
Pour maintenir la paix, pour enchaîner la guerre,
Polonais ! vous manquez à notre Europe entière,
Et vous serez toujours, pour en régler le sort,
Le plus sûr contre-poids des puissances du Nord !
Les grands maîtres du monde, un jour, prochain peut-être,
Dans leur propre intérêt pourront le reconnaître.
Vos immenses États sont encor les remparts
Qui peuvent arrêter l'ambition des czars,
Tous brûlant de s'ouvrir *le chemin de Byzance*,
Pour soumettre à leur joug l'*Allemagne* et la *France*,
Après avoir détruit, dans leur sanglant trajet,
L'empire musulman qu'a fondé Mahomet.
    Quand le vieux Scythe est las de vivre sous la neige,
Songez-y, *Danemark*, et *Suède* et *Norwége*,

— Sur vos destins présens un peu trop endormis, —
Contre lui, par prudence, il vous faut des amis.
Avec les *Polonais*, qui touchent à vos portes,
Unissant vos drapeaux et mêlant vos cohortes,
Vous pourriez le braver sur le sol des combats,
S'il prétendait encor toucher à vos États.
Élevez donc des vœux pour qu'un jour tous en masse
Aux bancs des nations ils reprennent leur place.

Et vous, peuple de *Vienne* et peuple de *Berlin*,
Qui partagez l'honneur de protéger le Rhin,
N'apercevez-vous pas, — bien que sa voix vous flatte, —
Prête à vous dévorer, la dent de l'autocrate?
Une pensée unique occupe ses esprits :
C'est, aux dépens de tous, d'agrandir son pays.
Vos conseillers, d'ailleurs, n'ont-ils donc pu comprendre
Qu'en prenant Cracovie, il pourra vous la prendre;
Et, — comme on sent venir l'appétit en mangeant, —
Qu'il pourra prendre en plus vos États en passant :
La Pologne est pour vous du salut l'espérance;
Au lieu de l'accabler relevez sa puissance,
Ou vous verrez du czar les sauvages guerriers,
La barbarie encore, envahir vos foyers.

Napoléon le Grand faillit à son génie
Quand, pouvant décider de cette monarchie,
Il ne la remit point au rang des grands États :
C'est ainsi que l'on eût conjuré les combats !
Mais ce qu'il ne fit point, d'autres pourront le faire,
Lorsque les rois entre eux rallumeront la guerre :
Alors, spectre sanglant, dont nous portons le deuil,
Redressé sur ta tombe et jetant ton linceul,

— Pour briser à jamais le joug de la patrie,
Et plus tard des combats prévenir la furie, —
Pousse ce cri, Pologne! avec lui tout se peut :
Levez-vous, Polonais! levez-vous : Dieu le veut!

Aussi sur cet État, — sauvegarde du monde, —
Quand viendra reposer la paix la plus profonde,
Quand l'Europe y verra des balanciers plus forts,
Les peuples affranchis pourront tous dire alors :
Souverains! sous vos coups, lorsqu'un peuple succombe,
C'est, tôt ou tard, ouvrir pour le vôtre une tombe!
Respectez désormais *nationalités!*
Peuples,—grands ou petits! --droits des gens! libertés!

Espérez donc encore, ô Polonais, nos frères!
Espérez avec nous un terme à vos misères :
Une clarté propice à vos futurs destins
Ne peut manquer de luire aux yeux des souverains!
Mais quel que soit d'ailleurs le poids de la souffrance,
Et malgré tous les droits d'une prompte vengeance,
Ah! craignez de tenter, en devenant prudens,
D'inutiles efforts : *attendez tout du temps!*
Pour des jours opportuns, gardez votre énergie;
Gardez, gardez surtout l'amour de la patrie;
Avec ce feu sacré les peuples, Polonais!
Triomphent des tyrans, ne périssent jamais!

Plus de partis chez vous! par eux on se déchire;
C'est par eux qu'on ébranle et qu'on perd un empire!
Lorsqu'adviendra l'instant, pour votre liberté,
De rouvrir les combats, pour toute volonté,
Suivez celle du peuple, et, *de droit légitime,*
Laissez-lui décider la forme du régime;

Et vous verrez alors, pour un meilleur destin,
Que *Dieu n'est pas trop haut, ni la France trop loin.*
  Oui, peuple malheureux ! oui, Pologne éplorée !
Ranime ton espoir sur ta terre adorée ;
Proscrits ! espérez tous, votre foi vous l'enjoint :
Dieu seul est éternel ! le malheur ne l'est point !…
Pour la Pologne en deuil, jusqu'à sa délivrance,
Prions, Français ! prions pour son indépendance,
Pour la rendre à l'Europe, et nous sauver par là
Du terrible *fléau* d'un nouvel ATTILA !

EPILOGUE

Du 2 Décembre 1854.

Gravement médité, tel enfin qu'il doit l'être,
Plus on le lit et plus il faut le reconnaître,
Le testament de Pierre est un rayon divin
Pour éclairer les rois sur leur futur destin.
Et pourtant pas un d'eux, *les clairvoyants sont rares,*
N'aperçoit sur l'Europe avancer les barbares ;
Pas un n'entend gronder leurs flots envahisseurs,
Pas un qui se prépare à dompter leurs fureurs !
Point d'inspiré de Dieu, point de prince héroïque,
Pour sauver du *Cosaque* ou de la *république :*
Car pour nous les destins, au dire d'un héros,
Seraient la servitude ou les jours des bourreaux !
  Le vaste Etat du czar, du superbe autocrate,
Va-t-il s'étendre, hélas ! de la Seine à l'Euphrate :

Aux bouches du Danube on entend le canon !
De ce que tu prédis, ô grand Napoléon,
S'il devait s'accomplir l'un ou l'autre présage,
Nous préférons la mort à subir l'esclavage !...
   Mais qui vient, tout-à-coup, dissiper la terreur,
Et qui parle *si haut* de justice et d'honneur ?
C'est un Napoléon ! c'est l'élu de la France
Qui du *faible* et *du droit* veut prendre la défense ;
C'est celui qu'on admire et respecte en tout lieu ;
C'est le *prince héroïque* et *l'inspiré de Dieu*
Que nos vœux appelaient pour sauver la patrie,
Le monde menacé des temps de barbarie :
C'est celui que l'on voit, pour d'immortels travaux,
Réunir la valeur de deux peuples rivaux !
Sous ces braves unis, tout a changé de face ;
Le Russe menaçait, et c'est lui qu'on menace !...
Saint-Arnaud, que fais-tu ? marche-t-on au combat
Lorsque l'on est mourant ! — Et la gloire, soldat !
Elle survit aux jours : point de mort avec elle ! —
En héros d'Algérie, oubliant qu'il chancelle,
La vie alors soudain en lui se ranima
Pour tomber en vainqueur sur les champs de l'Alma [1] !
A ce brillant triomphe, honorant sa mémoire,
Anglais, Français, bientôt, avec non moins de gloire,
Devaient, près d'Inkermann [2], en illustres guerriers,
A leurs lauriers encore ajouter des lauriers.
   Sous peu, *près de la tombe, on est souvent prophète,*
Le Scythe sera mis en déroute complète !
Mais pour qu'il n'ose plus revenir sur ses pas

[1] 20 septembre 1854. — [2] 5 novembre 1854.

Sans trouver devant lui d'innombrables soldats,
Pour qu'il craigne à son tour chez lui qu'on l'enveloppe,
Il faut rendre, en congrès, la Pologne à l'Europe.
C'est là qu'est son salut et tous les intérêts :
Dieu le veut, le commande !.. et c'est là qu'est la Paix !

Testament de Pierre Ier.

Lisez, Peuples, lisez ! et par ce que ce testament a déjà fait entreprendre et accomplir, vous pourrez juger vous-mêmes de ce que vous avez à redouter pour vos destins futurs !

« Au nom de la très sainte et indivisible Trinité, nous,
« Pierre Ier, etc., à tous nos descendans et successeurs
« au trône et au gouvernement de la nation russe :
« Le grand Dieu, de qui nous tenons notre existence et
« notre couronne, nous ayant constamment éclairé de ses
« lumières et soutenu de son divin appui, me permet de
« regarder le peuple russe appelé, dans l'avenir, à la do-
« mination générale de l'Europe. Je fonde cette pensée
« sur ce que les nations européennes sont arrivées, pour
« la plupart, à un état de vieillesse voisin de la caducité,
« ou qu'elles y marchent à grands pas ; il s'ensuit donc
« qu'elles doivent être facilement et indubitablement con-
« quises par un peuple jeune et neuf, quand ce dernier
« aura atteint toute sa force et toute sa croissance. Je
« regarde l'invasion future des pays de l'Occident et
« de l'Orient par le Nord comme un mouvement pé-
« riodique arrêté dans les desseins de la Providence, qui
« a ainsi régénéré le peuple romain par l'invasion des
« barbares. Ces émigrations des hommes polaires sont

« comme le flux du Nil qui, à certaines époques, vient
« engraisser de son limon les terres amaigries de l'Egypte.
« J'ai trouvé la Russie *rivière*, je la laisse *fleuve :* mes
« successeurs en feront une *grande mer* destinée à ferti-
« liser l'Europe appauvrie, et ses flots déborderont mal-
« gré toutes les digues que des mains affaiblies pourront
« leur opposer, si mes descendans savent en diriger le
« cours. C'est pourquoi je leur laisse les renseignemens
« suivans ; je les recommande à leur attention et à leur
« observation constante :

« I. Entretenir la nation russe dans un état de guerre
« continuelle, pour tenir le soldat aguerri et toujours en
« haleine ; ne le laisser reposer que pour améliorer les
« finances de l'Etat, refaire les armées, choisir les mo-
« mens opportuns pour l'attaque. Faire ainsi servir la
« paix à la guerre, et la guerre à la paix, dans l'intérêt
« de l'agrandissement et de la prospérité de la Russie.

« II. Appeler par tous les moyens possibles, de chez
« les peuples instruits de l'Europe, des capitaines pen-
« dant la guerre et des savans pendant la paix, pour
« faire profiter la nation russe des avantages des autres
« pays sans lui faire rien perdre des siens propres.

« III. Prendre part, en toute occasion, aux affaires et
« démêlés quelconques de l'Europe, et surtout à ceux
« de l'Allemagne, qui, plus rapprochée, intéresse plus
« directement.

« IV. Diviser la Pologne en y entretenant le trouble et
« des jalousies continuelles ; gagner la puissance à prix
« d'or ; influencer les diètes, les corrompre, afin d'avoir
« action sur les élections des rois ; y faire nommer ses
« partisans, y faire entrer les troupes moscovites, et y
« séjourner jusqu'à l'occasion d'y demeurer tout-à-fait.
« Si les puissances voisines opposent des difficultés, les

« apaiser momentanément en morcelant le pays, jusqu'à
« ce qu'on puisse reprendre ce qui a été donné.

« V. Prendre le plus qu'on pourra à la Suède, et savoir
« se faire attaquer par elle, pour avoir prétexte de la sub-
« juguer; pour de là l'isoler du Danemark, et le Dane-
« mark de la Suède, et entretenir avec soin leurs rivalités.

« VI. Prendre toujours les épouses des princes russes
« parmi les princesses d'Allemagne, pour multiplier les
« alliances de famille, rapprocher les intérêts, et unir
« d'elle-même l'Allemagne à notre cause, et y multiplier
« notre influence.

« VII. Rechercher de préférence l'alliance de l'Angle-
« terre pour le commerce, comme étant la puissance qui
« a le plus besoin de nous pour sa marine, et qui peut
« être le plus utile au développement de la nôtre. Chan-
« ger nos bois et autres productions contre son or, et éta-
« blir entre ses marchands, ses matelots et les nôtres, des
« rapports continuels, qui formeront ceux de ce pays à la
« navigation et au commerce.

« VIII. S'étendre sans relâche vers le nord, le long de la
« Baltique, ainsi que vers le Sud, le long de la mer Noire.

« IX. Approcher le plus possible de Constantinople et
« des Indes. Celui qui y régnera sera le vrai souverain du
« monde. En conséquence, susciter des guerres conti-
« nuelles, tantôt au Turc, tantôt à la Perse; établir des
« chantiers sur la mer Noire; s'emparer peu à peu de
« cette mer, ainsi que de la Baltique, ce qui est un double
« point nécessaire à la réussite du projet; hâter la déca-
« dence de la Perse; pénétrer jusqu'au golfe Persique;
« rétablir, si cela est possible, par la Syrie, l'ancien com-
« merce du Levant, et avancer jusqu'aux Indes, qui sont
« l'entrepôt du monde. Une fois là, on pourra se passer de
« l'or de l'Angleterre.

« X. Rechercher et entretenir avec soin l'alliance de
« l'Autriche; appuyer en apparence ses idées de royauté
« future sur l'Allemagne, et exciter contre elle, par des-
« sous main, la jalousie des princes. Tâcher de faire ré-
« clamer des secours de la Russie par les uns ou par les
« autres, et exercer sur le pays une espèce de pro-
« tection qui y prépare la domination future.

« XI. Intéresser la maison d'Autriche à chasser le Turc
« de l'Europe, et neutraliser ses jalousies lors de la con-
« quête de Constantinople, soit en lui suscitant une guerre
« avec les anciens États de l'Europe, soit en lui donnant
« une portion de la conquête, qu'on lui reprendra plus tard.

« XII. S'attacher et réunir autour de soi tous les Grecs
« désunis ou schismatiques qui sont répandus, soit dans
« la Hongrie, soit dans la Turquie, soit dans le midi de
« la Pologne; se faire leur centre, leur appui, et établir
« d'avance une suprématie sacerdotale : ce seront au-
« tant d'amis qu'on aura chez chacun de ses ennemis.

« XIII. La Suède démembrée, la Perse vaincue, la
« Pologne subjuguée, la Turquie conquise par nos armées,
« la mer Noire et la Baltique gardées par nos vais-
« seaux, il faut proposer séparément et très secrètement,
« d'abord à la cour de Versailles, puis à celle de Vienne,
« de partager avec elles l'empire de l'univers. Si l'une des
« deux accepte, ce qui est immanquable, en flattant leur
« ambition et leur amour-propre, se servir d'elle pour
« écraser l'autre; puis écraser à son tour celle qui de-
« meurera, en engageant avec elle une lutte qui ne sau-
« rait être douteuse, la Russie possédant déjà en propre
« tout l'Orient et une grande partie de l'Europe.

« XIV. Si, ce qui n'est pas probable, chacune d'elles
« refusait l'offre de la Russie, il faudrait savoir leur sus-
« citer des querelles et les faire s'épuiser l'une par l'autre.

« Alors, profitant d'un moment décisif, la Russie ferait
« fondre ses troupes rassemblées d'avance sur l'Alle-
« magne, en même temps que deux flottes considérables
« partiraient, l'une de la mer d'Azof, et l'autre du port
« d'Archangel, chargées de hordes asiatiques, sous le
« convoi des flottes armées de la mer Noire et de la mer
« Baltique. S'avançant par la Méditerranée et par l'Océan,
« elles inonderaient la France d'un côté, tandis que l'Al-
« lemagne le serait de l'autre. Et les deux contrées vain-
« cues, le reste de l'Europe passerait facilement et sans
« coup férir sous le joug.

« Ainsi peut et doit être subjuguée l'Europe. »

Nous laisserons suivre ce testament, que nous emprun-
tons à l'*Histoire illustrée de la Pologne*, par Léonard
Chodzko, des lignes de l'auteur de cette œuvre remar-
quable, qui nous paraissent devoir ajouter à son appréciation :

« ..... Puisque tout est accompli jusqu'ici ; puisque
« la Finlande, l'Ingrie, l'Estonie, la Livonie, la Courlande,
« la Lithuanie, la Pologne, les terres russiennes, la Mol-
« davie, la Valaquie, la Crimée, les Cosaques, la Turquie,
« le Caucase, la Perse, sont devenus victimes de la Mos-
« covie, le reste de l'Europe, l'Asie et l'Égypte, doivent
« se tenir en garde. »

NOTES.

Traité des cours du Nord pour révoquer ceux de 1815 (art. 6
et 9), protecteurs de l'existence et la liberté de Cracovie, 6 novembre 1846. Prise de possession, 16 novembre; protestation
anglaise, 20 novembre; protestation française, 3 décembre 1846.

FIN.

PARIS. — Impr. LACOUR ET Cⁱᵉ, rue Soufflot, 12.